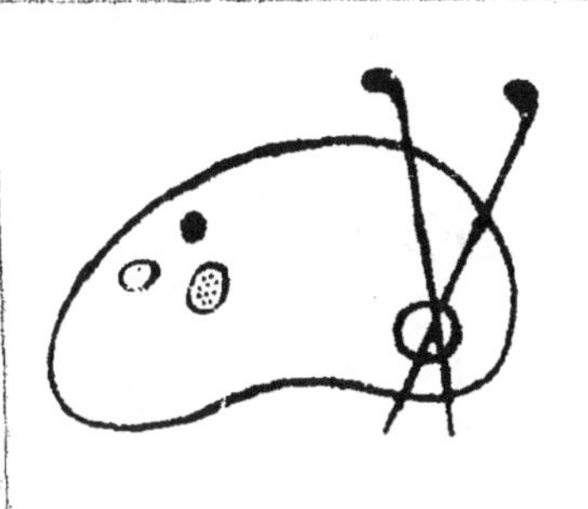

Début d'une série de documents en couleur

Couverture inférieure manquante

MAITRE

FERNAND DE CORDOUE

ET

L'UNIVERSITÉ DE PARIS AU XVe SIÈCLE

PAR

JULIEN HAVET

PARIS

1883

Fin d'une série de documents
en couleur

MAITRE FERNAND DE CORDOUE

ET

L'UNIVERSITÉ DE PARIS AU XVe SIÈCLE.

Extrait des *Mémoires de la Société de l'histoire de Paris et de l'Ile-de-France*, tome IX (1882), p. 193-222.

MAITRE

FERNAND DE CORDOUE

ET

L'UNIVERSITÉ DE PARIS AU XVe SIÈCLE

PAR

JULIEN HAVET

PARIS

1883

MAITRE FERNAND DE CORDOUE

ET

L'UNIVERSITÉ DE PARIS AU XVᵉ SIÈCLE.

I. Deux passages sur l'histoire de Paris, tirés d'une chronique allemande de Neubourg-sur-le-Danube. — II. Documents sur Fernand de Cordoue. — III. Vie de Fernand de Cordoue. — IV. Œuvres de Fernand de Cordoue. — Appendice : textes allemands.

I.

Dans un volume récent des *Monumenta Germaniae historica* [1] a été publiée une chronique allemande en prose, la *Sächsische Weltchronik*, écrite entre 1230 et 1250 par un clerc de la famille de Repgow [2], parent d'Eike von Repgow, l'auteur du *Sachsenspiegel*. A la suite du texte primitif de cette chronique, l'éditeur, M. L. Weiland, a imprimé plusieurs continuations dues à des auteurs d'époque diverse. Dans l'une de ces additions, dite *Vierte Bairische Fortsetzung*, écrite probablement entre 1443 et 1455,

---

1. *Monumenta Germaniae historica, etc., Scriptorum qui vernacula lingua usi sunt t. II*, Hannoverae, 1877, in-4°. — Un autre titre porte : *Deutsche Chroniken und andere Geschichtsbücher des Mittelalters*, II. Band.

2. Aujourd'hui Reppichau (Anhalt).

par un bourgeois de Neubourg-sur-le-Danube, en Souabe, on
trouve, mêlés aux récits des événements d'Allemagne, deux courts
passages qui intéressent l'histoire de la ville et de l'université de
Paris. Il n'est peut-être pas inutile de signaler ces deux morceaux
à l'attention des lecteurs français et d'en donner ici une traduction
en notre langue. A la suite de cette traduction, on trouvera une
notice sur le personnage qui fait l'objet du second récit. Le but de
cette notice n'est pas d'exposer des faits nouveaux, mais seulement
de coordonner des détails épars dans divers écrits et de débrouiller
les confusions qui s'étaient produites sur quelques points.

Le premier passage où la chronique de Neubourg[1] parle de Paris
ne contient qu'un récit entièrement fabuleux, à propos du meurtre
du duc d'Orléans, en 1407. Il faut y voir seulement un curieux
spécimen des travestissements que la légende fait parfois subir à
l'histoire, même à courte distance des événements :

« En ce temps-là, le roi de France fit détruire l'école de Paris ;
voici pourquoi. Il y avait un duc d'Orléans, qui était serviteur
du roi. Ce duc sortit une nuit à cheval pour festoyer et aller servir
de belles dames. Il rencontra la même nuit des étudiants, qui
allaient aussi festoyer, comme font telles gens. Le duc voulut
savoir qui ils étaient et ce qu'ils faisaient là. Ils dirent que la ville
leur était libre pour aller à pied comme à lui pour aller à cheval.
Alors il dégaîna et voulut tuer les étudiants. Les étudiants se
défendirent et tuèrent le duc d'Orléans. Or le duc d'Orléans avait
un frère, qui jura sur les saints qu'il ferait tuer tant d'étudiants
qu'il se ferait un bain de leur sang. Les étudiants le surent et se
mirent en marche et allèrent au palais du roi et voulurent enlever
de force le duc du palais du roi. Ceux de la ville de Paris appri-
rent cela et ne voulurent pas le permettre, ils s'interposèrent et
firent jurer paix au duc, qui promit de ne rien faire à aucun étu-
diant pour cette cause. Or les étudiants, devant le palais du roi,
étaient au nombre de trente-deux mille, tous étudiants inscrits.
Quand le roi vit tant d'étudiants, il ordonna de supprimer l'école
et voulut qu'il n'y eût plus d'études et dit que personne n'était
assuré contre eux, s'ils voulaient faire quelque chose à lui ou à la
ville. »

Le second passage offre un peu plus d'intérêt. Il concerne des

---

1. *Vierte Bairische Fortsetzung*, chapitre 15 ; volume cité, pages 361-362.
Voy. le texte allemand à l'Appendice, n° I.

faits déjà connus, mais sur lesquels il apporte des détails nouveaux.
En voici la traduction aussi littérale que possible[1] :

« Ceci est une partie d'une lettre qui a été écrite au chancelier
de Brabant[2] par quelqu'un de Paris, comme l'on compte depuis
la naissance du Christ quatorze cents ans et dans la quarante-
sixième année depuis, l'avant-dernier jour du mois de décembre,
qui est le second mois d'hiver[3] :

« Ensuite je fais savoir à Votre Dilection que presque toute la
ville de Paris est en ce moment émue d'étonnement, parce que
nous avons vu des choses merveilleuses et nous ne les croyons
pas, et nous les entendons et nous ne les comprenons pas. Il est
arrivé à Paris un jeune homme, avec huit chevaux, appelé Fariandus de Cordoue, Espagnol de nation, natif du royaume de Castille et de la ville de Cordoue, qui est âgé de vingt ans moins un,
et qui est chevalier en armes de bataille, maître ès arts libéraux,
docteur en droit spirituel et temporel, maître en médecine et docteur en la sainte Écriture ; et il est accompli dans tous ces arts et
aussi habile dans l'un que dans l'autre, et en même temps cour-
tois en toutes choses et parfaitement aimable et modeste. Il a en
mémoire et sait par cœur presque toute la Bible, maître Nicolas
de Lyre et ce qu'ont écrit saint Thomas d'Aquin, Alexandre de
Hales, Scot et Bonaventure. Il est habile aussi à prononcer des
sentences et à les prouver et confirmer par toutes les lois écrites,
temporelles et spirituelles, avec la glose ; il sait aussi tout le livre
du Décret, et encore tout le livre de maître Avicenne et ce qu'ont
fait maîtres Galien et Hippocrate et beaucoup d'autres livres de
médecine. Il est si habile dans les arts libéraux qu'il est difficile
de croire qu'Aristote en ait su là-dessus plus que lui. Il sait aussi

---

1. *Vierte Bairische Fortsetzung*, chapitre 38 ; volume cité, pages 373-374.
Ce chapitre, dans le manuscrit, est copié d'une autre main que le reste de la
chronique. Voy. le texte allemand à l'Appendice, n° II.

2. Le chancelier de Brabant, depuis 1445 jusque vers 1461, fut un chevalier nommé Goswin vander Ryt, qui mourut en 1465. (Chr. Butkens, *Tro-
phées tant sacrés que prophanes du duché de Brabant*. La Haye, 1724, in-fol.,
t. II, p. 362.)

3. « Des andern wintermonads », c'est-à-dire le second des mois désignés
par le nom de mois d'hiver, *Wintermonat*. La nomenclature allemande des
mois, en usage au moyen âge, n'a jamais été fixée d'une façon certaine ; un
même nom servait à désigner, tantôt un mois, tantôt un autre. — Cette date
est comptée en prenant le commencement de l'année à Noël ; elle répond au
30 décembre 1445, nouveau style.

tous les textes et les ouvrages qu'ont fait maître Averroès, qui a
écrit sur les livres d'Aristote, et maître Albert et beaucoup d'autres
maîtres. A ce qu'on dit encore, il sait toute la métaphysique, qui
est l'art surnaturel, et toute la rhétorique, qui est l'art de la courtoisie du discours. Il sait aussi écrire, lire et parler cinq langues,
c'est à savoir, latin, hébreu, grec, chaldéen, arabe, et il a été
dans ma chambre et il a écrit lesdites langues et j'ai encore l'écrit
par devers moi. Il a aussi répondu suffisamment à toutes les questions et à tous les discours insidieux, et je l'ai moi-même souvent
entendu répondre aux docteurs, sur toutes sortes d'arts, et à tous
ceux qui voulaient l'interroger et lui tenir des discours insidieux
sur toute matière. Il y a maintenant deux ans passés qu'il est parti
d'Espagne, envoyé par le roi de Castille ; il a été dans les hauts pays
welches[1], où il a répondu publiquement dans presque toutes les
universités ou hautes écoles. Et il dit lui-même que dans sa jeunesse
il a appris en sept jours le Doctrinal d'Alexandre, qu'il retient encore
en sa mémoire ; et, quoi qu'il lise et si vite qu'il le lise, il com-
prend néanmoins tout et le retient en sa mémoire. Il a aussi écrit
sur un livre de médecine appelé l'Almageste de Ptolémée[2] et sur
une grande partie de la Bible et beaucoup sur l'Apocalypse, le
livre du mystère, et il a fait aussi beaucoup d'autres livres. Il sait
aussi la musique, l'art du chant et de l'ordonnance des airs, et il
sait non seulement jouer de tous instruments et y jouer des airs,
mais aussi les faire lui-même. Il a répondu encore, en présence
du roi de France, à tout ce qu'on lui a demandé des arts et des
œuvres de chevalerie, et il a répondu aussi à toutes les questions
qu'on lui a faites ; et, au sujet dudit roi de France, il a fait une
épître très courtoise, où il l'engage à garder la paix. Et, pour
finir en peu de mots, selon ce qu'on dit et ce qui a été écrit à
quelques-uns de l'université par d'autres, il sait tout ce qu'on
peut savoir par l'intelligence spéculative intérieure et le travail
extérieur, et c'est pourquoi les uns le tiennent, de nature et de

---

1. « In obern Walschen landen. » Le nom de *Wälsch* en allemand s'ap-
plique tantôt à tous les peuples de langue romane, Français, Italiens, etc.,
tantôt aux Italiens en particulier. Jean Trithème, qui, comme on le verra
plus loin, a connu et en partie traduit ce texte, écrit : « Romam a rege
Castellæ missus orator, in omnibus Italiæ Galliæque gymnasiis publicis
disputans convicit omnes. »

2. L'Almageste ou la *Grande Composition* de Claude Ptolémée est un livre
de cosmographie et non de médecine.

naissance, pour bon, les autres pour mauvais. Les uns disent qu'il tient les susdits arts du diable, les autres disent qu'il les tient de Dieu. Beaucoup aussi estiment que c'est l'Antéchrist ou un de ses disciples ; chacun parle selon son opinion et selon ce qu'il lui semble. On n'a jamais entendu parler de si grande merveille. On estime aussi qu'il n'est pas possible qu'il ait lu autant de choses qu'il en a en sa mémoire ; et, quand il veut, il peut encore y ajouter et apprendre ce qui lui plaît. Il fut arrêté et interdit par l'université et par l'évêque et par les seigneurs du parlement ; et, dans une grande assemblée de tous les étudiants et membres de l'université, qui eut lieu à Saint-Bernard, le chef de l'université lui proposa très durement plusieurs articles, qu'il avait entendus de plusieurs personnes, qui dans la teneur même des termes semblaient étranges et bizarres, et l'invita à répondre sur chaque point. Il fit des réponses aussi excellentes que courtoises et modestes, disant toujours qu'il n'était qu'un enfant ignorant, et de façon qu'à ses réponses il n'était possible de rien répliquer ; ainsi, sur sa demande, il fut laissé quitte et libre. Il désire être à Noël auprès du duc de Bourgogne, puis il veut revenir à Paris et y répondre publiquement dans toutes les facultés et tous les arts et veut devenir membre de l'université : mais peu de personnes croient qu'il le fasse. Néanmoins, après lesdites réponses, il reçut beaucoup d'honneurs de la part des seigneurs du parlement et de l'évêque et de beaucoup d'autres. Il est parti le quatorzième jour du second mois d'hiver ou décembre, et j'espère que vous le verrez et que vous entendrez vous-même de sa bouche beaucoup d'autres choses, dont il y a bien lieu de s'émerveiller. »

II.

Le personnage qui fait l'objet de ce récit, Fernand (et non *Fariandus*) de Cordoue, n'est pas un inconnu. Divers chroniqueurs ont parlé de lui, son épitaphe a été retrouvée dans une église de Rome, quelques-uns même de ses ouvrages nous sont parvenus. Aussi plusieurs auteurs, depuis la renaissance des lettres, lui ont-ils consacré des notices biographiques plus ou moins étendues[1].

---

1. Est. Pasquier, *les Recherches de la France*, l. VI, chap. 39 (édition de 1621, in-fol., p. 579-580) ; Abr. Bzovius, *Annalium ecclesiasticorum* ...

Les documents ou récits relatifs à Fernand de Cordoue étant tous assez courts, on peut en mettre ici le texte complet sous les yeux du lecteur.

Son épitaphe se trouvait autrefois dans l'église Saint-Jacques-des-Espagnols à Rome ; elle a été publiée, d'abord par Perez Bayer dans une note ajoutée à la *Bibliotheca Hispana vetus* de N. Antonio[1], ensuite et plus correctement par M. Vincenzo Forcella[2]. M. Ch. Grandjean, de l'école française de Rome, a bien voulu la

tomus *XVIII*, 1627, in-fol., p. 594 (ann. 1501, c. xix) ; Denys Godefroy, *Histoire de Charles VII*, 1661, in-fol., p. 549-550 ; Bulæus (du Boulay), *Historia universitatis Parisiensis*, t. V, 1670, in-fol., p. 534 ; Launoy, *Regii Navarræ gymnasii Parisiensis Historia*, pars I, 1677, in-4°, p. 157-158 ; Nic. Antonio, *Bibliotheca Hispana* [nova], t. I, 1672, in-fol., p. 285-286 ; le même, *Bibliotheca Hispana vetus*, t. II, 1696, in-fol., p. 209-210 ; le même, *Bibliotheca Hispana nova*, nouv. éd., t. I, 1783, in-fol., p. 373-374 ; le même, *Bibliotheca Hispana vetus*, éd. Fr. Perez Bayer, t. II, 1788, in-fol., p. 319-320 et en note p. 320-322 ; Fabricius, *Bibliotheca Latina mediæ et infimæ ætatis*, au mot Fernandus, sive Ferdinandus, de Corduba ; Crévier, *Histoire de l'université de Paris*, t. IV, 1761, in-12, p. 140-142 ; *Biographie universelle* (Michaud), au mot Ferdinand de Cordoue, article signé B — s (Bocous) ; J.-G.-Th. Græsse, *Lehrbuch einer allgemeinen Literärgeschichte*, II. Band, 3. Abtheilung, 2. Hælfte, 1843, in-8°, p. 924 ; *Nouvelle Biographie générale* (Didot), t. XI, col. 800, au mot Cordova (Fernando de), et t. XVII, col. 420-421, au mot Ferdinand de Cordoue ; Vallet de Viriville, *Histoire de Charles VII*, t. III, 1865, in-8°, p. 96-99 ; Alfred Franklin, *Dictionnaire des noms, surnoms et pseudonymes latins de l'histoire littéraire du moyen âge*, 1875, gr. in-8°, col. 180 ; A. Budinszky, *Die Universität Paris und die Fremden an derselben im Mittelalter*, 1876, in-8°, p. 209 ; Ulysse Chevalier, *Répertoire des sources historiques du moyen-âge*, bio-bibliographie, col. 727, etc. Les notices les plus exactes et les plus complètes sont celle de Perez Bayer dans son édition de la *Bibliotheca Hispana vetus* d'Antonio et celle de Vallet de Viriville. — Maître Fernand de Cordoue a eu deux homonymes, qu'il ne faut pas confondre avec lui, comme cela est déjà arrivé pour l'un d'entre eux. Le premier ne m'est connu que par ce passage de S. Mazzetti (*Repertorio di tutti i professori antichi e moderni ..... di Bologna*, 1848, in-8°, n° 1199, p. 125) : « Fernando da Cordova. Fu Lettore di Filosofia morale del 1395. » Le second naquit à Mexico en 1565 et mourut en 1589 ; on trouve l'histoire de sa vie dans les deux ouvrages suivants : Alonso Remon, *Vida y Muerte del siervo de Dios don Fernando de Cordoua y Bocanegra*, (Madrid, 1617, in-4°) ; Rodrigo Mendez Silva, *Epitome de la admirable, y exemplar vida de D. Fernando de Cordoba Bocanegra*, (Madrid, 1649, in-16).

1. N. Antonio, *Bibliotheca Hispana vetus*, t. II, 1788, p. 321.

2. Forcella, *Iscrizioni delle chiese e d'altri edificii di Roma*, vol. III, Roma, 1873, in-4°, p. 216, n° 512.

chercher pour moi à Saint-Jacques-des-Espagnols ; il a constaté qu'elle ne s'y trouve plus. Voici le texte donné par M. Forcella :

D   O   M

FERDINANDO CORDVBEN PONT . MAX
HYPODIACONO
DISCIPLINAR OMNIVM COGNITIONE INCLYTO
CVIVS INGENIVM AC DISSERENDI ACVMEN
CVNCTAR . GENTIVM GIMNASIA STVPVERE
VIRO OMNIVM VIRTVTVM GENERE ORNATISS
MODESTIA VERO AC PROBITATE INSIGNI
QVI VITA SACRAR . LITTERAR . STVDIIS
INNOCENTISS. ACTA MVLTISQVE DOCTRINAE.
MONVMENT POSTERITATI RELICTIS
HOMINEM EXVIT
ANNO AETATIS LXV SALVTIS CHRISTIAN.
MCCCCLXXXVI
GEORGIVS CAR . PORTVGAL . B . M.
POSVIT

Perez Bayer nous apprend en outre que cette épitaphe était accompagnée des armoiries du mort, qu'il décrit en ces termes : « Subditur nudus clypeus in quo aquila dextrorsum versa intentâque acie solem intuens, in cuius pectore atque alis decussata crux. »

Deux chroniques contemporaines, celle de Mathieu d'Escouchy et celle qui est connue sous le nom de *Journal d'un bourgeois de Paris*, contiennent chacune un chapitre relatif au passage de Fernand de Cordoue à Paris. Le *Bourgeois de Paris* avait été témoin oculaire de ce qu'il raconte ; Mathieu d'Escouchy, qui habitait Péronne, déclare écrire d'après la relation d'un docteur en théologie nommé maître Jean de l'Olive. Les deux récits présentent entre eux une grande ressemblance et donnent à peu près les mêmes détails.

Chronique de Mathieu d'Escouchy, chapitre VIII :

De la venue en Paris d'un josne clerc natif des Espaingnes. — En cest an mil cccc quarante cinq vint es parties du royamme de France ung josne clerc, aagé de vingt ans ou environ, lequel, comme il disoit,

estoit natif des Espaingnes ; et sy estoit de moienne stature, assez belle
personne et moult agreable a tous gens qui de lui avoient congnoissance,
et le plus excellent en touttes sciences qui se trouvast en tous les pays et
ou il repairoit, par especial en clergie, et estoit chevallier en armes,
docteur en theologie et medecine, en loix et en decret, se congnoissoit
en l'art de musique plus que nul aultre, jouoit de tous instrumens
tant bien que nul ne l'en pooit passer, bailloit les raisons et instruc-
tions comment ilz se devoient faire, et en jouant de l'espee a deux mains
saultoit contre son adversaire et arriere de lui vingt piez ou plus,
et de jeu ne trouvoit son pareil. Finablement, apprez qu'il eust esté
en divers lieux dudit royamme de France, vint a Paris, ou, en la presence de quarante ou cinquante des meilleurs clercs de l'université,
fut examiné et enquis par moult de fois sur pluseurs sciences, a quoy
il respondy sy bien, sy sagement, par si bonnes raisons, que nul d'eulx
ne le savoit de rien reprendre et corrigier ; et, qui plus est, en leur
presence redarguoit et reprenoit les livres de saint Hierosme, saint
Augustin et aultres de saincte Eglise. Il fut en plainne université, ou
il y avoit bien iii mil clercs, et y fist pluseurs argumens, mais tous
ne le seurent de rien reprendre. Fut aussi en parlement et ailleurs,
mais ne trouva quelque resistance. Et, apprez qu'il eust esté par certain temps audit lieu de Paris, s'en partit et ala a Gand, devers le
duc de Bourgoingne, ou il fut par aucune espace, et la fut de rechief
examiné par notables clercs, mais oncques ne virent son pareil. Et
apprez se partit de la pour aler en Engleterre, mais, pour ce qu'il
ne peut passer, s'en retourna par Allemaingne, et depuis long temps
apprez fut peu nouvelle de lui sur les marches de France.

 · En oultre, apprez qu'il fut party de Paris, comme dit est dessus, aucuns des plus saiges et renommez clercs de l'université, en bon nombre,
se assamblerent ensemble pour parler et avoir advis l'un aveuc l'autre
de sa science, et enfin, la matere bien debattue, ne leur sambloit point
estre possible que en l'espace de cent ans ung homme peult aprendre
et retenir ce qu'il savoit. Et a ceste cause y avoit des plus saiges qui
faisoient grand doubte qu'il n'eust acquis sa science par art magicque
et que ce ne fust Ante-Crist ou de ses dissiples. Car aveuc ce ilz regar-
derent et estudierent curieusement et par moult de fois en leurs livres,
parlant de la venue dudit Ante-Crist : sy trouvoient qu'il devoit
naistre en temps de guerre, de pere crestien et d'une mere juifve
qui faindroit estre crestienne, et seroit nay en adultere, et a sa naissance seroit le peuple peu charitable l'ung envers l'autre ; trouvoient,
aveuc ce, qu'il seroit posseddé du diable, qui lui acqueroit sa science,
mais il ne s'en donroit pas de garde et le cuidroit avoir par son propre
engin ; et sy seroit crestien jusques a l'aage de xxvii ans, et en sa
josnesse visiteroit les princes pour exaulcer et publier sa science, et
au xxviii' an de sa nativité s'en iroit a Hierusalem, ou les juifs le ave-

roient comme Dieu, et regnera jusques au xxxii° an de son aage, et durant son mauvais regne fera tant de cruautez et persecucions que Dieu nostre createur le fera destruire par feu et foudre qui viendra du ciel; et ce se fera vers la fin du monde.

Touttes lesquelles besoingnes dessus dictes declairiees ung notable docteur en theologie nommé maistre Jehan de l'Olive certifie par ses lettres, et dit qu'il avoit esté present a faire tous les examens et interrogacions qui avoient esté faictes a Paris par la dessus dicte université a icellui clerc, dont aucuns estoient esmerveilliez. Et n'a point esté nouvelle, a la verité, que depuis long temps on ait sceu qu'il soit devenu[1].

Journal d'un bourgeois de Paris :

Item, en celluy an, vint ung jeune homme qui n'avoit que xx ans ou environ, qui savoit tous les vii ars liberaux, par le tesmoing de tous les clercs de l'université de Paris, et si savoit jouer de tous instrumens, chanter et deschanter mieulx que nul autre, paindre et enluminer mieulx que oncques on sceust a Paris ne ailleurs. Item, en fait de guerre, nul plus appert, et jouoit d'une espee a deux mains si merveilleusement que nul ne s'i comparast, car, quant il veoit son ennemy, il ne failloit point a saillir sur luy xx ou xxiii pas a ung sault. Item, il est maistre en ars, maistre en medecine, docteur en loix, docteur en decret, docteur en theologie, et vraiement il a disputé a nous au colliege de Navarre, qui estions plus de cinquante des plus parfaiz clercs de l'université de Paris, et plus de iii mil autres clercs, et a si haultement bien respondu a toutes les questions que on lui a faictes que c'est une droicte merveille a croire, qui ne l'auroit veu. Item, il parle latin trop subtil, grec, ebreu, caldicque, arabicque et tous autres langaiges. Item, il est chevalier en armes. Et vraiement, se ung homme povoit vivre c ans sans boire, sans menger et sans dormir, il ne auroit pas les sciences qu'il scet tout par cueur aprinses. Et pour certain il nous fist tres grant freour, car il scet plus que ne puet savoir nature humaine, car il reprent tous les iiii docteurs de saincte Eglise; bref, c'est de sa sapience la non pareille chose du monde. Et nous avons en Escripture que Ante-Crist sera engendré en advoutire de pere christian et de mere juive qui se faindra chrestianne et chascun cuidera qu'elle le soit, il sera né de par le deable en temps de toutes guerres, et que toutes jeunes gens seront deguisés d'abit, tant femmes que hommes, par orgueil comme par luxure, et sera grant hayne contre les grans

---

1. *Chronique de Mathieu d'Escouchy*, publiée pour la Société de l'histoire de France par G. du Fresne de Beaucourt, t. I, 1863, in-8°, p. 69-72.

signeurs, pour ce qu'ilz seront très cruelx au menu peuple. Item,
toute sa science sera de par le dyable et il cuidera qu'elle soit de par
nature. Il sera chrestien jusques a xxviii ans de son aage, et visitera
en celui temps les grans signeurs du monde, pour monstrer sa grant
sapience et pour avoir grant renommée d'iceulx. Au xxviii° an vendra
de [lisez en ?] Iherusalem; et, quant les juifs incredules verront sa
grant sapience, ilz creront en luy et diront que c'est Messias, qui pro-
mis leur estoit, et l'aoureront comme Dieu. Adong envoyera ses disciples par le monde, et God et Magod le suyveront, et regnera par
iii ans et demy. A xxxii ans, les dyables l'emporteront; et adong les
juifs, qui auront esté deceupz, ilz se convertiront à la foy chrestienne;
et après vendront Enoch et Helye, et après sera tout chrestien, et sera
l'Euvangille de sainct, qui dit : *Et fiet unum oville et unus pastor*,
adong approuvé. Et le sang de ceulx qu'il aura fait tormenter pour
ce qu'ilz ne vouldrent adourer criera a Dieu vengence, et adong vendra sainct Michel, qui le trebuchera, lui et touz ses ministres, ou par-
fons puis d'enfer. Ainsi comme davant est dit le raconterent les
devantdiz docteurs de celluy homme devant dit, lequel est venu d'Espaigne en France; et pour vray, selon Danyel et l'Apocalipce, Ante-
crist doit nestre en Babiloine en Caldée[1].

Jean de Trittenheim ou Trithème, dans sa chronique de
Sponheim, a consacré à Fernand de Cordoue un paragraphe, que
l'on devait compter jusqu'ici au nombre des sources originales
de sa biographie. Mais, en comparant ce texte à celui de la
chronique de Neubourg, on reconnaît que Trithème s'est servi
de la lettre allemande reproduite par cette chronique et qu'il s'est
borné à la traduire en latin, en l'abrégeant un peu. Une phrase
seulement du texte de Trithème, la dernière, contient un renseignement que la lettre allemande ne donnait pas :

Verum ista nobis scribentibus Ferrandus Cordubensis ad memoriam
reducitur, qui anno mccccxlv juvenis annorum xx, miles auratus,
artium, medicinæ et sacræ theologiæ doctor, cum viii equis de Hispania
venit in Franciam et totam Parisiorum scholam sua mirabili scientia
vertit in stuporem. Erat enim omni facultate scripturarum doctissimus,
vita et conversatione honestissimus, non sicut ille de quo jam diximus
arrogans et superbus[2], sed humilis multum et reverentia plenus. Memo-

---

1. *Journal d'un bourgeois de Paris, 1405-1449*, publié d'après les manuscrits de Rome et de Paris par Alexandre Tuetey (pour la Société de l'histoire
de Paris), 1881, in-8°, p. 381-382, §§ 860-865.

2. Dans le paragraphe précédent, Trithème avait parlé d'un savant italien,
qui s'était montré à Lyon en 1501.

riter tenuit Bibliam totam, Nicolaum quoque de Lyra, scripta S. Thomæ
Aquinatis, Alexandri de Hales, Johannis Scoti, Bonaventuræ et alio-
rum in theologia complurium, Decretum quoque et omnes utriusque
juris libros, et in medicinis Avicennam, Galenum, Hippocratem, et
Aristotelem atque Albertum, omnesque philosophiæ et metaphysices
libros et commentaria ad unguem, ut aiunt, memoria conservabat.
In allegando fuit promptissimus, in disputando acutus et nullo unquam
superatus. Denique linguas Hebraicam, Græcam, Latinam, Arabicam
et Caldæam perfecte legit, scripsit ac intellexit. Romam a rege Castellæ
missus orator, in omnibus Italiæ Galliæque gymnasiis publicis disputans convicit omnes, ipse a nemine vel in minimo convictus. Varia
de ipso inter doctores Parisienses movebatur opinio, aliis magum
illum ac dæmone plenum cavillantibus, aliis sentientibus contrarium.
Non defuerunt qui Antichristum putarent, propter incredibilem scien-
tiam scripturarum, qua cunctos mortales videbatur excellere. Commentaria quædam in Almagestum Ptolomei edidit et Apocalypsim
divi Johannis expositione pulcherrima illustravit. Scripsit ingenii sui
et alia quædam plenæ eruditionis opuscula, quorum titulos ad memoriam hac vice non potuimus revocare. Iste Fernandus erat qui Carolo
duci Burgundionum astronomica vaticinatione longe antea prædixit
interitum, quem ille spernens non suspicabatur esse tam proximum[1].

M. Vallet de Viriville a signalé et cité en partie un passage
d'un registre des archives municipales de Châlons-sur-Marne,
relatif au même personnage. Je dois une copie exacte de ce frag-
ment à l'obligeance de M. Pélicier, archiviste de la Marne :

Item, en ladite année, environ les advens, vint a Paris ung josne
homme d'environ xxiii ou xxiiii ans, natif du pais d'Espaigne, nommé
maistre Ferrant de Corduba, chevalier en armes, maistre en ars, docteur en loys et en decret, docteur en theologie, docteur en medecine,
astrologien, parlant grec, ebreu, caldeen et latin et françois, musicien
et moult abile, lequel fut examiné par l'université.

Item, en ladite année, environ le karesme, renommée commune
fut que ledit maistre Ferrant avoit esté pris a Couloingne et attaint
de heresie et d'avoir ung diable avec luy qui luy enseignoit tout ce
qu'il disoit, et fut ars audit Couloingne[2].

Le poète Georges Chastellain fait allusion en ces termes à Fer-

---

1. *Chronicon Sponheimense*, ad ann. 1501, dans *Johannis Trithemii ...*
Opera historica ... ex bibliotheca Marquardi Freheri. Francofurti, 1601,
in-fol., II, p. 415.
2. Troisième registre des délibérations du conseil de Châlons-sur-Marne,
1431-1446, f° 2.

nand de Cordoue, dans sa *Recollection des merveilles advenues en notre temps*[1] :

> J'ay vu par excellence
> Jeune homme de vingt ans
> Avoir toute science
> Et les degrés montans,
> Soy vantant sçavoir dire
> Ce qu'oncques fut escript
> Par seule fois le lire
> Comme un jeune antecrist.

Enfin E. du Boulay, l'historien de l'université de Paris, cite un court extrait d'une pièce des archives de l'université, qui concerne également le docteur espagnol[2] :

Huiusce Doctoris mentio habetur in Actis Nationis Gall. ad diem 22. Decemb. aientibus lectas fuisse litteras quasdam ad Ducem Burgundiæ transmittendas, *Ne velit adhibere fidem dictis cuiusdam Doctoris Hispani, qui se obtulerat Vniuersitati responsurum; qui tamen noluit respondere, sed se excusauit dicendo quod celerrimè erat iturus apud D. Ducem dictum.*

Les ouvrages de Fernand de Cordoue qui nous sont parvenus fournissent aussi des renseignements pour sa biographie; il sera parlé de ces ouvrages plus loin, chapitre IV.

III.

Fernand de Cordoue, *Fernandus Cordubensis*, est le nom par lequel le personnage qui nous occupe s'est désigné lui-même, dans deux de ses ouvrages, sa préface au *De animalibus* d'Albert le Grand, imprimé huit ans avant sa mort, en 1478, et son traité *De jure medios exigendi fructus*, dédié au pape Sixte IV. Il faut donc préférer cette forme du nom aux variantes données par les divers documents, Ferdinand (*Ferdinandus*) dans l'inscription de Saint-Jacques-des-Espagnols, Ferrant dans le registre de Châlons, *Fariandus* dans la lettre allemande, telle que l'a reproduite le chroniqueur de Neubourg-sur-le-Danube, *Ferrandus* dans l'abrégé

---

1. *Œuvres de Georges Chastellain*, publiées par le baron Kervyn de Lettenhove. Bruxelles, 1863-1866, in-8°, t. VII, p. 191.
2. Bulæus, *Historia universitatis Parisiensis*, t. V, 1670, in-fol., p. 534.

latin de cette même lettre inséré au *Chronicon Sponheimense* de Trithême. Le surnom *Cordubensis* pouvait être, soit un nom de famille, soit plutôt une simple désignation ethnique ; la lettre allemande (ci-dessus, chapitre I) affirme que Fernand était « natif du royaume de Castille et de la ville de Cordoue ». Il devait être de famille noble, puisque, au moment de son passage à Paris, les auteurs s'accordent à dire qu'il était « chevalier en armes ». Les armoiries de sa famille étaient gravées sur son tombeau à Rome; on en a vu plus haut la description, à la suite de son épitaphe.

Il naquit sans doute vers 1421. L'auteur de la lettre allemande, celui du *Journal d'un bourgeois de Paris*, Mathieu d'Escouchy et Georges Chastellain le font de quelques années plus jeune, car ils ne lui attribuent, en 1445, que vingt ou même dix-neuf ans d'âge ; mais le rédacteur du registre de Châlons, mieux informé, dit que Fernand était âgé, à cette date, « d'environ xxIII ou xxIIII ans ». En effet, son épitaphe dit positivement qu'il mourut en 1486, âgé de 65 ans[1].

On peut présumer qu'il eut une enfance studieuse, mais on n'en sait rien de positif, en dehors d'un propos de lui, rapporté ci-dessus dans la lettre allemande. Il contait qu'étant enfant il avait appris en une semaine le texte entier du *Doctrinal* ou grammaire latine d'Alexandre de Villedieu, qui se compose de 2454 vers hexamètres[2]. — « On assure, dit la *Biographie universelle*, qu'à l'âge de cinq ans il savait parfaitement lire, écrire, dessiner, et pinçait très agréablement de la guitare. A dix ans il avait terminé

---

1. Pour traduire cette indication en langage exact, il faut se rappeler qu'on commençait souvent alors l'année, à Rome, soit dès le 25 décembre, soit au contraire seulement au 25 mars. La mort de Fernand de Cordoue se place donc du 25 décembre 1485 au 24 mars 1487. L'indication de son âge étant donnée en années complètes, sans désignation de mois et de jours, il faut entendre qu'au moment de sa mort il avait au moins 65 ans juste et au plus 65 ans 364 jours. En le supposant mort le 25 décembre 1485, à l'âge de 65 ans 364 jours, il serait né le 26 décembre 1419 ; en le supposant mort le 24 mars 1487, à 65 ans juste, il serait né le 24 mars 1422. Mais, si l'on veut, en outre, qu'aux avents de 1445 (28 novembre) il n'eût pas plus de 24 ans, ainsi que l'affirme le registre municipal de Châlons-sur-Marne, il ne faut pas le faire naître avant le 29 novembre 1420. Les dates extrêmes entre lesquelles sa naissance semble devoir être comprise sont donc, en dernière analyse, le 29 novembre 1420 et le 24 mars 1422.

2. C. Thurot, *De Alexandri de Villa-Dei Doctrinali*. Parisiis, 1850, in-8°, p. 28.

ses cours de latinité et de rhétorique, et sa mémoire était déjà si prodigieuse qu'il apprenait par cœur trois ou quatre pages de Cicéron après les avoir lues une seule fois. » Il est à craindre que ces détails ne soient de pure imagination, car le rédacteur de la *Biographie universelle* ne dit pas avoir connu d'autres documents que ceux qui sont à notre disposition, et ceux-ci ne nous apprennent rien de pareil. Le même auteur affirme qu'ensuite Fernand de Cordoue « servit sous Jean II de Castille » (ce roi régna de 1406 à 1454) « dans les guerres contre les Maures, où il se distingua par sa valeur », puis qu'il « occupa tour à tour les différentes chaires de plusieurs universités d'Espagne, et un grand nombre de disciples le suivait partout. » Ces assertions, dont la première a été depuis reproduite trop légèrement par plusieurs auteurs[1], ne paraissent pas mieux fondées que la précédente. Sur la jeunesse de Fernand de Cordoue, jusqu'à sa venue en France, nous ne savons que ce qu'on a vu dans la lettre au chancelier de Brabant, à savoir qu'un peu plus de deux ans avant son arrivée à Paris, soit vers 1443, âgé de vingt et un ou vingt-deux ans, il avait quitté l'Espagne, chargé par le roi de Castille d'une mission à l'étranger. C'est, ce semble, en Italie que le roi l'envoyait. Trithème, en empruntant ce fait à la lettre allemande, a cru pouvoir préciser davantage et affirmer que Fernand de Cordoue était allé en ambassade à Rome; c'est possible, probable même, mais on ne saurait l'affirmer[2].

En Italie, Fernand commença à faire montre de son savoir, en l'étalant dans des séances publiques, données en présence des docteurs ou des étudiants des diverses universités. Puis, d'Italie, il

---

1. *Nouvelle Biographie générale*, t. XI; Græsse; Budinszky.

2. Trithème, en outre, a supprimé l'indication de l'écrivain allemand sur l'époque de la mission confiée à Fernand de Cordoue. Les auteurs modernes, qui n'ont connu que Trithème et non son original, ont cherché à suppléer par conjecture à ce silence et sont tombés ainsi dans des erreurs singulières, que la connaissance de la chronique de Neubourg permet d'écarter définitivement. Dans la *Nouvelle Biographie générale*, t. XVII, on lit : « Ferdinand V, dit le Catholique ... n'hésita pas à lui confier diverses missions importantes à Rome et à Paris (1475). » Selon la *Biographie universelle*, « en 1469, Ferdinand l'envoya à Rome vers le pape Alexandre VI, qui l'accueillit avec tous les honneurs que ses talents méritaient. » Or, en 1469, ni Ferdinand ni Alexandre VI ne régnaient encore. M. Græsse a répété l'indication de la *Biographie universelle*, en supprimant le nom de Ferdinand, mais en conservant celui d'Alexandre VI. M. Budinszky, copiant à son tour

passa, dit Mathieu d'Escouchy, « es parties du royamme de
France », et, « apprez qu'il eust esté en divers lieux dudit royamme
de France, vint a Paris. » Sur la route de Paris, apparemment,
il rencontra Charles VII, soit à Châlons, où le roi était en août
1445, soit en Touraine, où il résida à partir de septembre, soit
en quelque point intermédiaire[1]. Alors eut lieu l'entrevue men-
tionnée par le correspondant du chancelier de Brabant, entrevue
dans laquelle Fernand, en présence du roi, répondit à tout
ce qu'on lui demanda « des arts et des œuvres de chevalerie »
et à toutes les autres questions qu'il plut aux assistants de lui
faire. Il arriva à Paris en 1445, dans les derniers jours du mois
de novembre ou les premiers jours du mois suivant[2]; il resta
environ quinze jours et repartit le 14 décembre[3]. Les textes qui

---

M. Græsse, paraît s'être aperçu de la difficulté chronologique ; il a cru apparemment tout concilier en intervertissant les deux derniers chiffres du millé-
sime et il a mis 1496 au lieu de 1469. C'était remplacer un anachronisme
par un autre : en 1496, il y avait dix ans que Fernand de Cordoue était
mort. La fausse correction de M. Budinszky a induit en erreur M. Ulysse
Chevalier, qui a placé la mort de Fernand de Cordoue en 1496, au lieu de 1486.

1. Vallet de Viriville, *Histoire de Charles VII*, t. III, p. 90, note 2 :
« 18 août, le roi à Châlons; 26, 28, à Sens ; le 16 septembre à Montils-lez-
Tours. » — Cf. *Ordonnances*, t. XIII, p. 452-453.

2. « Environ les advens » (registre de Châlons-sur-Marne). L'avent, en
1445, commença le 28 novembre.

3. Lettre allemande, ci-dessus, chapitre I, dernières lignes. — On a reproché
à l'auteur du *Journal d'un bourgeois de Paris* de s'être trompé sur la date
de la venue de Fernand de Cordoue et de l'avoir placée en 1446, après
Pâques (G. de Beaucourt, *Chronique de Mathieu d'Escouchy*, t. I, p. 69, note 2 ;
Vallet de Viriville, *Histoire de Charles VII*, t. III, p. 96, note 2). Ce reproche
n'est pas fondé. Le morceau relatif à Fernand de Cordoue vient, dans le
Journal, immédiatement après le récit des derniers faits de l'année 1445,
vieux style, c'est-à-dire de ceux des premiers jours d'avril 1446, nouveau
style; l'auteur l'introduit par ces mots : « Item, en celluy an, vint ung jeune
homme, etc. » Ces mots, *en celluy an*, désignent sans doute l'année dont
les événements viennent d'être racontés, non celle qui va suivre : l'année
1445, vieux style, non l'année 1446. C'est un supplément que l'auteur du
Journal ajoute, après coup, pour compléter le récit des faits de 1445. Il y a
peut-être là une faute au point de vue de l'art de la composition, mais il n'y
a pas d'erreur de chronologie. — Dans Trithème, le récit relatif à Fernand
de Cordoue, quoique exactement daté de 1445, n'est pas placé dans le chapitre relatif à cette année; il est introduit incidemment sous l'année 1501.
De là une erreur de Bzovius, qui, dans ses *Annales ecclesiastici*, a placé en
1501 la venue de Fernand de Cordoue à Paris. Cette erreur a passé des
annales de Bzovius dans la *Bibliotheca Hispana nova* de N. Antonio (édi-

ont été cités aux deux chapitres précédents font assez connaître l'admiration qu'il excita à Paris, ses talents si divers, sa science merveilleuse, sa courtoisie, sa bonne mine. Sur ce point, la lettre allemande rapportée par le chroniqueur de Neubourg ajoute peu de chose à ce qu'on savait déjà; mais elle fournit quelques détails nouveaux qui font mieux comprendre l'attitude de l'université de Paris à l'égard du docteur étranger, les épreuves qu'on lui imposa et les circonstances de son départ.

En lisant dans le *Bourgeois de Paris* : « Et vraiement il a disputé a nous au colliege de Navarre, qui estions plus de cinquante des plus parfaiz clercs de l'université de Paris, et plus de iii mil autres clercs, » on croirait qu'il s'agit d'une seule assemblée de l'université, où étaient plus de trois mille clercs, dont cinquante « des plus parfaiz ». Le récit de Mathieu d'Escouchy fait voir déjà que cela doit être compris autrement ; Fernand, dit-il, fut « examiné et enquis par moult de fois », devant des assemblées partielles, « en la presence de quarante ou cinquante des meilleurs clercs » ; ce fut une de ces assemblées restreintes qui eut lieu au collège de Navarre et à laquelle assista l'auteur du *Journal*. Une autre fois, et une fois seulement, le docteur espagnol « fut en plainne université, ou il y avoit bien iii mil clercs, » et là, comme ailleurs, il « fist pluseurs argumens, mais tous ne le seurent de rien reprendre. » L'auteur de la lettre allemande nous fait connaître l'occasion et le lieu de cette assemblée extraordinaire, qui eut lieu, dit-il, à Saint-Bernard. Fernand de Cordoue, quand il y parut, n'était plus libre. Son savoir merveilleux avait attiré les soupçons de l'autorité et sans doute aussi la jalousie des docteurs de Paris ; doutant ou feignant de douter s'il tenait ses talents de Dieu ou du diable, l'université, l'évêque, le parlement avaient été d'accord pour le poursuivre et le faire arrêter. Ce fut un véritable interrogatoire qu'il subit devant les trois mille étudiants assemblés à Saint-Bernard. Il s'en tira tout à son honneur : « il fit, dit l'écrivain allemand, des réponses aussi excellentes que courtoises et modestes... On ne pouvait rien lui répliquer. » En parlement et ailleurs, dit Mathieu d'Escouchy, il fut aussi appelé

---

tions de 1672 et de 1783) et de l'ouvrage d'Antonio dans la *Nouvelle Biographie générale*, t. XVII; elle a été reproduite, en dernier lieu, à ma connaissance, par M. Franklin. Elle avait déjà été relevée et rectifiée par Perez Bayer, dans son édition de la *Bibliotheca Hispana vetus* (1788).

à comparaître, mais « ne trouva quelque resistance. » On dut
donc le remettre en liberté.

Échappé de ce mauvais pas, Fernand de Cordoue eut, sans
aucun doute, grande hâte de fuir une ville où les savants étran-
gers recevaient un accueil aussi peu encourageant. En vain les
clercs de l'université cherchèrent-ils à le retenir en lui propo-
sant encore de nouvelles questions ; il répondit qu'il était très
pressé de se rendre à la cour du duc de Bourgogne, qu'il voulait
y arriver pour les fêtes de Noël, qu'au reste il reviendrait à Paris
plus tard et qu'alors il répondrait à tout ce qu'on lui demanderait.
Mais peu de gens à Paris, ajoute l'auteur de la lettre allemande,
croyaient qu'il dût revenir. Il est probable en effet qu'il en avait
peu d'envie. Il se dirigea rapidement vers la Flandre.

En quittant Paris, Fernand de Cordoue laissait les membres de
l'université en proie à un vif dépit. Le correspondant du chancelier de Brabant dit qu'après ses réponses dans la grande assemblée tenue à Saint-Bernard, le parlement et l'évêque le traitèrent
avec beaucoup d'égards ; il n'en dit pas autant des docteurs et
des clercs. Ceux-ci, sans doute, ne pouvaient lui pardonner de
s'être montré plus savant qu'eux tous et de les avoir vaincus
dans toutes les discussions. En vain ils avaient combiné leurs
efforts pour lui poser des questions insidieuses, pour lui tendre
les pièges les plus habiles, il s'était tiré de toutes les épreuves à
son honneur et à leur honte. C'était une grande humiliation que
le jeune étranger avait infligée aux « meilleurs » et aux « plus
parfaiz » clercs de la première université du monde ; et, vaincus
par lui, ils n'avaient pas même eu la consolation de pouvoir le
faire brûler comme sorcier ! Ils pensèrent que tout n'était pas
perdu et ils se hâtèrent d'aviser aux moyens de nuire de loin à
celui qu'ils n'avaient pu confondre face à face. Aussitôt que Fernand eut quitté Paris, « aucuns des plus saiges et renommez
clercs de l'université, en bon nombre, dit Mathieu d'Escouchy,
se assamblerent ensamble pour parler et avoir advis l'un aveuc
l'autre de sa science. » Le résultat de la conférence fut que, non
seulement, Fernand devait avoir fait un pacte avec le diable, mais
qu'il était très probablement l'Antéchrist en personne. On s'occu-
pait beaucoup alors de l'Antéchrist. Le dominicain Jean de Paris,
dans son traité *De Antichristo*, en 1300, avait émis l'avis que le
règne de l'Antéchrist et la fin du monde arriveraient probablement

avant l'expiration du xve siècle[1]. Un autre dominicain, saint Vincent Ferrier, mort en 1419, avait affirmé que l'Antéchrist devait être né en 1402 ou 1403[2]. D'autres livres, auxquels Mathieu d'Escouchy et le *Bourgeois de Paris* font allusion sans malheureusement les désigner avec précision, contenaient sur l'Antéchrist toute sorte de détails, et l'on a vu dans le texte de ces deux auteurs les raisons par lesquelles on prouvait, à l'aide de ces livres, que c'était l'Antéchrist qui venait de paraître en la personne de Fernand de Cordoue.

En même temps que les docteurs répandaient cette opinion dans le public, une fraction de l'université, la nation de France, s'assemblait et arrêtait les termes d'une lettre officielle, qu'elle faisait écrire en son nom au duc de Bourgogne, pour l'inviter à se défier de Fernand. C'est la lettre dont un extrait nous a été conservé par E. du Boulay et a été reproduit plus haut. La nation y mandait au duc « de ne pas ajouter foi aux dires d'un certain docteur espagnol, qui s'était présenté à l'université en offrant de lui répondre, mais qui ensuite n'avait pas voulu répondre et s'était excusé en prétextant qu'il était obligé de se rendre tout de suite auprès dudit seigneur duc. »

Au reste, ces manœuvres ne paraissent pas avoir eu de succès. Parti de Paris le 14 décembre, Fernand, qui, comme le remarque la lettre allemande, voyageait « avec huit chevaux », put facilement arriver avant la Noël à Gand, où le duc Philippe tenait sa cour depuis le commencement du mois[3]. Là, au témoignage de

---

1. « Non ergo credimus aliquem esse certum de determinatione temporis Antichristi, nec per revelationem, nec per Scripture inspectionem, nec per argumentum, precipue quoad annum, diem vel horam, quamvis secundum humanas conjecturas credamus probabiliter, sine tamen omni assertione, hujus mundi cursum infra cc annos ab anno presenti, qui est M{us} CCC{us} ab incarnatione Domini, ad tardius terminari. » (Bibliothèque nationale, manuscrit lat. 13781, f° 95 r°, col. 2; selon Quétif et Échard, *Scriptores ordinis Prædicatorum*, t. II, 1721, in-fol., p. 335, col. 2, ce *Tractatus de Antichristo* de Jean de Paris a été imprimé à Venise, 1516, in-4°.)

2. *Epistola divi Vincentii Ferrarii ad Benedictum pp. XIII*, datée du 27 juillet 1412 : « Sic ergo patet ex hujusmodi revelationibus, si veræ sunt, quod jam Antichristus est natus, et habet complete novem annos suæ maledictæ ætatis. » (*Sancti patris nostri Vincentii Ferrarii, Valentini, ordinis Prædicatorum, Opuscula*, Valentiæ, 1591, in-8°, p. 113.)

3. Le duc avait célébré à Gand la Saint-André (30 novembre) : *Chroniques de Brabant et de Flandre*, publiées par Ch. Piot (dans la *Collection de chroniques belges inédites*), Bruxelles, 1879, in-4°, p. 203.

Mathieu d'Escouchy, il « fut par aucune espace » et « fut de rechief examiné par notables clercs, mais onques ne virent son pareil. » Ce fut là sans doute qu'il vit le poète Georges Chastellain, que nous savons avoir été présent auprès du duc de Bourgogne à Gand en décembre 1445 [1], et qui plus tard rappela son souvenir dans les huit médiocres vers qui ont été cités plus haut. Le dernier de ces vers prouve que le bruit de la consultation des docteurs de Paris, qui voulaient que Fernand fût l'Antéchrist, était parvenu jusqu'à Gand. Ce serait aussi pendant ce séjour à la cour de Bourgogne que Fernand, s'il fallait en croire Trithème, aurait prédit, au moyen de l'astrologie, la mort prématurée de Charles le Téméraire (tué à Nancy en 1477). Mais Trithème a ajouté ce renseignement à ceux qu'il avait tirés de la lettre au chancelier de Brabant; or, en général, comme l'a fait remarquer M. Gaston Paris, « tout ce que Trithème ajoute aux sources qu'il a eues sous les yeux est de pure invention [2]. » Il peut bien en être ainsi dans ce cas.

« Et apprez, dit Mathieu d'Escouchy, se parti de la pour aler en Engleterre, mais, pour ce qu'il ne peut passer, s'en retourna par Allemaingne, et depuis long temps apprez fut peu nouvelle de lui sur les marches de France. » Il courut sur lui, entre autres bruits, une nouvelle fausse, qui a été rapportée par le rédacteur du registre de Châlons. En 1446, « environ le karesme » (c'est-à-dire, pour cette année, du 2 mars au 16 avril inclusivement) « renommée commune fut que ledit maistre Ferrant avoit esté pris à Couloingne et attaint de heresie et d'avoir ung diable avec luy qui luy enseignoit tout ce qu'il disoit, et fut ars audit Couloingne. » Il est assez vraisemblable que Fernand de Cordoue soit allé à Cologne en 1446, il est possible qu'il y ait été encore accusé de sorcellerie et inquiété, mais il est certain qu'il n'y fut pas brûlé, puisqu'il ne mourut que quarante ans plus tard, à Rome, en 1486.

Sur les dernières années de sa vie on sait peu de chose. Selon l'expression de Mathieu d'Escouchy, « n'a point esté nouvelle a la verité que depuis long temps on ait sceu qu'il soit devenu [3]. »

---

1. *Œuvres de Georges Chastellain*, publiées par le baron Kervyn de Lettenhove, t. I, p. xvi.

2. *Revue critique d'histoire et de littérature*, 7ᵉ année, 1873, 2ᵉ sem., p. 37.

3. Mathieu d'Escouchy écrivait à Péronne, avant 1465 (*Chronique de*

Pendant près de vingt ans, on perd toute trace de lui. Vers les
années 1463 à 1465 enfin, on le retrouve à Rome, auprès du cardinal Bessarion, qui lui faisait écrire des traités sur divers sujets
de philosophie, et qui, par sa protection, l'avait fait nommer
sous-diacre du pape. Fernand fut sans doute un des membres de
l'Académie de savants grecs et latins réunis autour de Bessarion[1].
Peut-être son talent d'helléniste lui avait-il valu la faveur de
l'illustre cardinal grec. Toutefois, on ne saurait affirmer que Bessarion ait eu grande confiance dans sa connaissance de la langue
grecque, car, après l'avoir chargé d'une étude comparative sur la
valeur des doctrines des deux grands philosophes de la Grèce
ancienne, Platon et Aristote, il arrêta tout d'un coup son travail
commencé et l'invita à traiter une autre question, celle-ci de
pure spéculation et qui n'exigeait aucune connaissance linguis-
tique. Cette brusque décision paraît avoir blessé un peu Fernand
de Cordoue ; dans la dédicace du nouvel ouvrage, qu'il lui adressa
quelque temps après, tout en donnant à son bienfaiteur des
marques de son respect et de sa reconnaissance, il ne put s'empê-
cher de laisser percer aussi un peu d'humeur ou tout au moins
de regret[2].

A partir de ce moment, Fernand de Cordoue paraît avoir passé
le reste de sa vie à Rome, en faveur auprès du pape et des cardi-
naux, auxquels il dédia plusieurs ouvrages[3], et conservant jusqu'à
la fin la dignité honorée et tranquille de sous-diacre du saint-
siège[4]. Il mourut à Rome, comme on l'a vu plus haut, entre le

---

Mathieu d'Escouchy, publiée pour la Société de l'histoire de France par
G. du Fresne de Beaucourt, t. I, p. xxxix).

1. H. Vast, *le Cardinal Bessarion*, Paris, 1878, in-8°, p. 298 et suivantes.

2. Pour tous ces faits, voy. ci-après, chapitre IV, les extraits du traité *De
artificio omnis, etc.*

3. Ci-après, chapitre IV : *De pontificii pallii mysterio*, dédié au cardinal François Piccolomini ; *De jure medios exigendi fructus*, dédié au pape Sixte IV ;
traité sur les futurs contingents, écrit probablement pour Sixte IV.

4. Son épitaphe prouve qu'il était encore sous-diacre du pape au moment
de sa mort : FERDINANDO CORDVBEN PONT. MAX HYPODIACONO. Il l'était au moins
depuis le temps de la composition du *De artificio*, qui paraît pouvoir être
daté de 1463-1465. — Sur le collège des sous-diacres du saint-siège ou
sous-diacres apostoliques (supprimés et remplacés depuis 1655 par les audi-
teurs de rote), voy. G. Moroni, *Dizionario di erudizione storico-ecclesiastica*,
in-8°, vol. LXXI, p. 9-16, et les autres passages indiqués au vol. VI de
l'*Indice*, p. 231.

25 décembre 1485 et le 24 mars 1487, et fut enterré dans l'église Saint-Jacques-des-Espagnols, où un tombeau lui fut élevé par les soins du cardinal portugais Georges da Costa, archevêque de Lisbonne[1].

IV.

Une partie seulement des ouvrages écrits par Fernand de Cordoue est parvenue jusqu'à nous. Ceux dont nous trouvons la mention dans divers auteurs, mais dont le texte est ou paraît perdu, sont au nombre de six.

La lettre allemande, écrite en décembre 1445, quand Fernand de Cordoue était âgé d'environ vingt-quatre ans, lui attribue trois ouvrages :

1° Un commentaire sur l'Almageste ou la *Grande Composition* de Claude Ptolémée ;

2° Un commentaire de l'Apocalypse et de quelques autres parties de la Bible ;

3° Une lettre au roi de France, pour l'engager à garder la paix dans son royaume.

Ces indications ont été reproduites en partie par Trithème (ci-dessus, chapitre II). Il ne paraît pas possible d'en contrôler l'exactitude. L'auteur allemand n'ayant parlé probablement que par ouï-dire, nous ne savons même pas si les écrits qu'il mentionne ont réellement existé.

Conrad Gesner, dans sa *Bibliotheca universalis*, publiée en 1545, ne mentionne pas Fernand de Cordoue[2] ; mais l'édition augmentée du même ouvrage, donnée par J. Simler en 1574, lui consacre deux articles distincts, l'un sous le nom de Fernand, l'autre sous celui de Ferdinand[3]. L'un de ces articles ne fait que reproduire une partie des indications de la lettre allemande ; les termes dans lesquels il est rédigé donnent lieu de croire que Simler avait sous les yeux le texte même de cette lettre et non pas seulement la paraphrase latine de Trithème :

---

1. Épitaphe : GEORGIVS CAR. PORTVGAL. B. M. POSVIT. Georges da Costa, dit d'Alpedrinha, cardinal depuis 1476, s'était fixé à Rome en 1480 et mourut en 1508.

2. C. Gesner, *Bibliotheca universalis*, Tiguri, 1545, in-fol.

3. C. Gesner, *Bibliotheca ... aucta per Iosiam Simlerum Tigurinum*, Tiguri, 1574, in-fol., p. 196.

Fernandus de Corduba, Hispanus, scripsit in almagestum Ptolemæi, et super magnam Bibliorum partem, præsertim autem copiose super Apocalypsim. Floruit anno D. 1446.

L'autre article indique deux autres ouvrages de Fernand, dont le second nous est parvenu et sera indiqué ci-après, tandis que je n'ai pas rencontré la mention du premier ailleurs :

Ferdinandi Cordubensis, an sit licita pax cum Sarracenis. Idem de annatis exigendis.

Dans le traité *De artificio omnis, etc.*, dont il va être question, Fernand de Cordoue fait allusion à deux autres ouvrages de lui, qui ne semblent pas non plus nous être parvenus. L'un était un traité intitulé *De discretione spirituum*. L'autre, que Fernand déclare n'avoir pas achevé, était une comparaison de la philosophie d'Aristote avec celle de Platon, entreprise sur l'ordre du cardinal Bessarion.

Le nombre des ouvrages conservés de Fernand de Cordoue paraît être également de six ; deux sont imprimés, les quatre autres inédits..

Les imprimés ont été décrits l'un et l'autre par Hain (*Repertorium bibliographicum*, n°s 545 et 5719). Le premier est une édition du traité des animaux, d'Albert le Grand, avec une préface de Fernand, qui donne ou prétend donner la traduction latine et l'explication des noms grecs et arabes employés par Albert. L'édition est datée de Rome, le 2 avril 1478. En voici le titre et la formule finale, d'après l'exemplaire de la Bibliothèque nationale :

> F Ernãdi [1] cordubẽfis beatiffimi domini
> nr̃i Sixti quarti fancteqz fedis apl'ice
> fubdiaconi artiũ liberaliũ et facre theologie
> in orbe famofiffimi magiftri in de animali-
> bus alberti libro p̃facio incipit foeliciter.

A la fin, avant la table :

> Hoc prefens Alberti magni de reʠ proprieta
> tibus opus impreffum per egregium uirum
> dominũ Simonẽ Nicolai de luca huius la-

---

[1]. L'F initiale est tracée à la main en rouge.

boratorij dīm Rome Anno domini milleſīo
cccc.lxxviii. pont. Sixti anno vii. die ɣo ſecū
da menſis aprilis.
¶ Finis Alberti magni de aīalibus

(In-fol., gothique. Bibl. nat., réserve, R 147.)

L'autre livre imprimé est une dissertation destinée à établir le
droit du saint-siège sur les revenus appelés annates. Dans l'inten-
tion de l'auteur, cette dissertation devait être suivie d'une seconde
partie, où il se proposait de traiter du pouvoir temporel du pape.
Voici le commencement et la fin du traité sur les annates :

FERNANDI CORDVBENSIS SEDIS APOSTOLICE
SVBDIACONI ET IN ORBE TERRARVM FAMOSIS
SIMI MAGISTRI DE IVRE MEDIOS EXIGENDI FRV
CTVS QVOS VVLGO ANNATAS DICVNT ET RO
MANI PONTIFICIS IN TEMPORALIBVS POTESTA
TE AD SIXTVM QVARTVM PONTIFICEM MAXI
MVM PROLOGVS INCIPIT FOELICITER.

A la fin :

... de mediis fructibus pōtifici maximo pendēdis quos
uulgo annatas dicunt tractatus. Finit lege fœliciter.
Secundam huius operis partem de poteſtate pape in tēporalibus
ob id in alterum tranſtulimus uolumen quod altiſſima materia fit.
& ſpeciale deſiderans opus.& quod principalior de mediis fructibus
tractatus in maius uolumen ſurrexerit.

LAVS DEO

(Sans lieu ni date, pet. in-fol.
Bibl. nat., réserve, E 1949 ; inventaire, E 341.)

Sixte IV ayant été pape de 1471 à 1484, ce livre, qui lui est
adressé, a dû être composé entre ces deux dates extrêmes.

Des quatre ouvrages inédits, l'un a été signalé dans un manuscrit de la bibliothèque de Saint-Marc, à Venise, et dans un manuscrit du Vatican, à Rome ; deux autres, chacun dans un manuscrit
du Vatican ; le quatrième, dans deux manuscrits de Paris.

Le premier ouvrage est ainsi décrit, d'après l'exemplaire de
Venise, par Valentinelli, dans son catalogue des manuscrits de
Saint-Marc [1] :

---

1. Valentinelli, *Bibliotheca manuscripta ad S. Marci Venetiarum*, Codices
mss. Latini, t. IV, 1871, in-8°, p. 174-175.

Cod. 227 membr., saec. XV, altit. millim. 230, latit. millim. 160
[Zanetti Lat. CCCLXXXI] B.

Fernandi Cordubensis, *de artificio omnis et investigandi et inveniendi naturam scibilis, ad rever..... Biʒarrionem* [sic] *episcopum ec.* Prooemium incip. : « Quos vides inter scholasticos et praestanti ingenio viros, vel sustulisse penitus, vel in dubium revocasse, sit ne artificium quo omne natura scibile in singulis disciplinis et investigari et inveniri possit, eos constat rerum originem nescisse videri.... » ; mox vero : « Itaque haec ars nobilis subtiliter et artificiosissime investiganda est, et tuo iussu et mea promissione debita. Nam de duabus philosophiis, idest Platonis et Aristotelis, utra alteri praestet, disserentem me subito e cursu suo revocavit voluntas tua ; quippe qui iussisti intermittendum esse opus, et in artificium omnis investigandi et inveniendi scibilis calamum esse referendum. Nam quo ad comparationem cum Aristotele Platonis attinet, ad multam partem eius operi tractationem perduxeram... ». Ulterius in Raymundum Lullum insurgit « orbis notissimum, quem constat suo artificio omnia polliceri, et divina et humana sine aliquo discrimine, et earum disciplinarum quae naturali ratione attingi possunt, et earum quae lumen naturalis rationis praetergressae sunt.... Unde facile perspicere potes... virum hunc laicum mere fuisse et omnium litterarum expertem, sed per humorem melanconicum elevatum habuisse ingenium... ». De operis autem data occasione disserens, haec habet : « Rem pro meritis meis difficiliorem fortassis tu feceris, cum tuo aspirato favore atque beneficio, in sedis apostolicae subdiaconum creatus sim. »

His omnibus placuit aliquantisper immorari, ut et operis, in sex particulas digesti, indolem, et acre in iudicando auctoris ingenium, et dedicationis causae innotescant...

Codicem, foliorum 92, splendidius titulo aureis litteris ac insigniis Bessarionis depictis, archetypum puto unde exscriptus codex Vaticanus 3177.

L'autre exemplaire, celui du Vatican, a été vu et décrit par Antonio, qui donne quelques détails non mentionnés par Valentinelli [1] :

Opus hoc servatur in Vaticanæ bibliothecæ codice MS. 3177. cum hoc titulo : *Ferdinandi Cordubensis de Artificio omnis et investigandi et inveniendi natura scibilis, ad Rever. in Christo P. et omnium sapientissimum D. D. Besarionem Episcopum Sabiniensem S. R. E. Cardinalem et Patriarcham Constantinopolitanum, Nicænum vulgo appellatum...* Idem in processu ejusdem prologi reprobat quasi ine-

---

1. *Bibliotheca Hispana nova*, t. I, 1783, p. 374.

ptiis plenam, et fructu vacuam Raimundi Artem, citatque tractatum alium *De Discretione Spirituum* a se factum. De Raimundo vero signatis verbis ait : *Unde facile conjicere potes virum hunc laicum mere fuisse, et omnium literarum expertem ; sed per humorem melancholicum elevatum habuisse ingenium, quo ubi fundamentis careas eruditionis atque doctrinæ, nihil periculosius esse possit ut in extremos et fidei orthodoxæ adversos labaris errores : quod et in eo viro deprehensum est.* Hæc ille de Raimundo. Opus ipsum quod sex partibus, sive ut ipse vocat particulis, continetur incipit : *Prima Particula hujus tractatus, qua ratione singulam veritatem natura scibilem et investigare et demonstrare possis etc.* Liber est in fol. 62. chartæ papyraceæ foliorum.

Cet ouvrage, dédié au cardinal Bessarion, patriarche de Constantinople, ne peut avoir été écrit plus tôt que l'année 1463, où ce titre de patriarche de Constantinople fut conféré à Bessarion par le pape[1]. D'autre part, le passage où Fernand parle d'une comparaison entre la philosophie d'Aristote et celle de Platon, commencée par ordre de Bessarion, donne à penser que celui-ci n'avait pas encore entrepris la rédaction de son ouvrage sur le même sujet, *In calumniatorem Platonis*, qu'il commença en 1465[2]. La date de la rédaction du *De artificio* de Fernand de Cordoue peut donc être fixée, avec beaucoup de probabilité, aux années 1463 à 1465.

Antonio mentionne ensuite, à la bibliothèque du Vatican[3] :

De Pontificii Pallii Mysterio et an pro eo aliquid temporale absque simoniæ labe exigi possit : ad Reverendum in Christo Patrem et Dom. Dom. Franciscum Piccolominæum S. R. E. Cardin. Diaconum S. Eustachii Senensem vulgo appellatum. Incipit : *Pallii, quo in argumentum extremi fastigii Pontificiæ dignitatis amiciri solitos constat Novi Testamenti Pontifices Maximos, tanta majestas est ut inter sacratas vestes nihil vel concipi sacratius possit. Justæ molis opus est, et vere luce dignum, quod Vaticanus continet codex inter MSS. numero 5739. signatus[4].*

François Piccolomini, auquel est dédié ce second traité, avait

---

1. Vast, *le Cardinal Bessarion*, p. 302.
2. Vast, p. 360.
3. *Bibliotheca Hispana nova*, t. I, 1783, p. 374.
4. Cf. Montfaucon, *Bibliotheca bibliothecarum manuscriptorum nova*, t. I, p. 1406 : « Ferrandus Cordubensis de Pallii Pontificii Mysterio. 5739. 222. »

été fait cardinal en 1460. Il survécut à Fernand de Cordoue et fut pape en 1503 sous le nom de Pie III. Le *De pontificii pallii mysterio* peut donc avoir été écrit à une date quelconque depuis 1460 jusqu'à la mort de Fernand, vers 1486.

Le troisième manuscrit du Vatican ne m'est connu que par cette trop brève notice de Montfaucon, qui ne permet de juger ni du contenu ni de la date de l'ouvrage qu'il renferme[1] :

1127. Ferdinandi Cordubensis de hæreticis et damnatis.

Enfin le dernier écrit inédit de Fernand, conservé à Paris, se trouve dans deux manuscrits de la Bibliothèque nationale, le manuscrit lat. 3169 (f°s 16-25) et le manuscrit lat. 4152 (f°s 81-88), tous deux de la fin du xve siècle. Dans le manuscrit lat. 3169, l'ouvrage est précédé de ce titre, d'une écriture un peu postérieure à celle du texte : *Tractatus M. Fernandi de Corduba*. L'objet de ce traité est d'établir que « les propositions concernant un futur contingent peuvent être vraies ou fausses. » La doctrine contraire était enseignée par Pierre de Rivo, docteur de Louvain ; elle fut condamnée par le pape Sixte IV, en 1474. Le traité de Fernand de Cordoue est probablement antérieur à cette condamnation et a dû contribuer à la faire prononcer. En voici le commencement et la fin :

Inter eruditissimos viros hodie magna dissensione certatur utrum propositiones de futuro contingenti vere esse possint vel false. Et argumentamur pro parte negativa, primo rationibus cujusdam Petri de Rivo, qui nunc istam partem tuetur, deinde rationibus Aureoli...

... Quod vero nituntur solvere rationes ex divinis litteris acceptas, jam in alio tractatu ostendimus eos aliter esse interpretatos quam Spiritus sanctus efflagitat, juxta intentum sacrorum interpretum, quod non modo falsi, sed et heretici interpretis est.

D'après la date probable de leur composition, ces divers écrits de Fernand de Cordoue paraissent pouvoir se classer ainsi :

1° et 2° Avant ou en 1445 : commentaire sur l'Almageste (mentionné dans la lettre allemande) ; commentaire sur l'Apocalypse et d'autres parties de la Bible (id.).

3° En 1445 : lettre au roi de France (id.).

4° et 5° Avant le suivant : *De discretione spirituum* (mentionné

---

1. *Bibliotheca bibliothecarum manuscriptorum nova*, t. I, p. 102 a.

dans le *De artificio*) ; comparaison entre la philosophie d'Aristote et celle de Platon, inachevée (id.).

6° De 1463 à 1465 : *De artificio omnis, etc.* (manuscrits de Venise et du Vatican).

7° De 1460 à 1486 : *De pontificii pallii mysterio* (manuscrit du Vatican).

8° De 1471 à 1484 : *De jure medios exigendi fructus* (imprimé).

9° Avant 1474 : traité sur les futurs contingents (manuscrits de Paris).

10° Avant ou en 1478 : préface au *De animalibus* d'Albert le Grand (imprimé le 2 avril 1478).

11° et 12° Date inconnue : *An sit licita pax cum Sarracenis* (mentionné dans Gesner, édition de Simler, 1574) ; *De hæreticis et damnatis* (manuscrit du Vatican).

Julien HAVET.

APPENDICE.

Texte allemand des fragments dont la traduction a été donnée au chapitre I[1].

I. — In den zeiten do liesz der künig von Franchreich die schul zu Paris zerstœren; daz tet er darumb. Ez was ain herzog von Orlenz, der was des küniges diener. Der selbig herzog rait ains nachtes hofieren und dienet schœnen frawen. Nu chom er des selben nachtes an studenten, die giengen auch hofieren, als dann sœlich leut tun. Nu wolt der herzog wissen, wer si wærn oder waz si da schüfen. Si sprachen, in wær die stat als frei ze gen als im ze reiten. Also zuckt er von schaid und wolt die studenten slachen. Also werten sich die studenten und erstachen den herzog von Orlenz. Nu het der herzog von Orlenz ain pruder, der sbur des zu den heiligen, daz er der studenten als vil wolt lazzen erstechen, daz er im aus irem plut ain pad wolt machen. Des wurden die studenten des innen und machten sich alle auf und zogten dem künig fur sein palast und wolten den herzogen aus des künigs palast genomen haben mit gebalt. Daz understund

---

1. Des nécessités typographiques m'obligent de représenter par *œ* l'*a* surmonté de deux points (*ä*), par *œ* l'*o* surmonté de deux points (*ö*), par *sz* la ligature allemande de ces deux lettres (β).

die stat zu Paris, und wollten des nit statten und underchomen das, daz der herzog frid müst sberen, daz er chaim studenten nichtz nit mer von der sach wegen zu solt ziechen. Der studenten vor des küniges palast der was an der zal verschribener studenden 32 tausent. Da der künig sach als vil studenten, do hiesz er die schul erstœren und wolt chain studium mer haben und sprach, ez wær niemant sicher vor in, si mœchten im's oder der stat auch tun. (*Monumenta Germaniae, Deutsche Chroniken*, II, p. 361-362.)

II. — Daz ist ain tåil aines sandbriefs, der gescriben ist worden des von Brabant canzler von ainem von Paris, als man zalt von Christi gepurt vierzechenhundert jar und darnach in dem sechs und vierzigosten jar an dem leczten tag on ainen des monads Decembris, daz ist des andern wintermonads :

Darnach laz ich eur lieb wissen, daz itzo nachent die ganz stat Paris vor wunder betrübt ist, wann wir gescriben [*liseז* gesehen?] haben wunderperliche und gelauben der nicht und horen si und verstên der nicht. Es ist her gen Paris chomen ain jüngling mit acht pfærden, genand Fariandus von Corduban, des lands ain Hyspanier, aus dem chünicreich Castell purtig, aus der stat Cordubana, der on ains zwainzig jar alt ist, und ist ritter in streitperlichem wappen, maister in den freien künsten, lerer in geistlichen und weltlichen rechten, maister in der erznei und lerer in der heiligen gescrift. Und in den chünsten allen ist er volchomen und in ainer als behent als in der andern, in allen dingen wol gesitt, gar zusprechenlich und gar diemütig, und hat in gedachtnüsz und chan auswendig nachent die ganzen wibel und maister Nicolaum von Lira und was sand Thoman von Aquino, Alexander von Alis, Scotas und Bonaventura un vil ander maister gescriben haben. Er ist auch behend zu nennen und seine wort bewærn und bestæten mit allen weltlichem und geistlichem geschriben geseczten mitsamt der glos, und chan auch das ganz decretpuch, des geleichen das ganz puech des maisters Avitena und was der maister Galienus und Ypocras gemacht haben und vil ander plücher in erztei. Er ist auch so chlug in den frein künsten, daz hart ze gelauben ist, daz Aristotoles mer darin hab gekünt dann er. Er chan auch all text und geschrift, die der maister Averrois, der über die plücher Aristotilis gescriben hat, und der maister Albertus und vil ander maister gemacht haben. Auch als man sagt, so chan er ganz die methaphisicam, daz ist die übernaturlich kunst, und die ganzen rethoricam, daz ist die kunst von hœflichait der red. Er chan auch fünf sprach screiben, lesen und reden, daz ist Lateinisch, Hebraisch, Kriechisch, Caldaisch, Arabaisch, und ist gebesen in meiner kamer und hat die benenten sprach gescriben, die ich noch pei mir han. Er hat auch

geantburt genugsamlich auf all frag und versüchlich red, und han in
auch oft hœrn antburten den lerern in manigerlai kunsten, auch
allen den, die da fragen oder versüchlich reden wolten, und in aller
matery. Ez sein auch ieczo zwai jar vergangen, daz er schied von Hy-
sponia, als er dann gesent was von dem chünig von Castell und ieczo
gebesen in obern Walschen landen, und hat geantburt offenperlich
nachet in allen universiteten oder hochen schulen, und spricht auch
selbs, daz er in der jugent in 'siben tagen gelernet hab daz doctrinal
Allexander, daz er auch noch in gedæchtnüsz behelt. Und waz er list
und wie schnell er daz list, so verstet er es doch alles und behelt es
auch in gedæchtnüsz. Er hat auch ieczo gescriben über ain puch in
arztei, genant Almagesti Tholomei, und über ainen grozzen tail der
bibel und gar vil über apockalipsim, daz puch der haimlichait, und
hat auch vil andren pücher gemacht. Er chan auch musicam, die
kunst des gesangs und seczung der don, und chan auch nicht alain
auf allen saiten spilen und don spilen, sunder er chan si auch darzu
machen. Er hat auch in gegenbürtichait dem künig von Frankreich
geantburt wes er gefragt ist worden von ritterlichen chünsten und
werchen, und hat auch daselbs geantburt auf alles des man in fraget.
Und von des benenten künigs von Frankreich wegen hat er gemacht
gar ain hœfliche epistel, darin er in ermant, frid ze haiten. Und daz
ich mit wenig worten besliez, als man dann sagt und etlichen in der
universitet von andern gescriben ist worden, so chan er ez alles, daz
man chunen mag mit inbendiger beschaülicher begreifung und aus-
bendiger würchung, und darumb so halten in etleich nach gestalt
und erzaigung für gut, etleich für pœs. Etleich sprechen, daz er die
benenten chunst hab von dem teufel, etleich sprechen, daz er si hab
von got. Ez mainen auch vil, daz er sei der antichrist oder ainer seiner jungern. Iegleicher red nach seiner mainung und nach seinem
bedunchen. Von übergrozzer verbunderung ist nie des geleichen
erhœrt worden. Man maint auch, daz ez nit mügleich sei, daz er so
vil hab mügen überlesen, als vil er dann in gedæchtnüsz hab. Und
wann er wil, so ist im chundig ze vermerchen und wissen waz er wil.
Er was auch aufgehalten und verpoten von der universitet und von
dem pischof und von den herren des perlaments. Und in ainer ganzen samnung aller studenten und gelider der universitet, die da ge-
schach zu Sand Pernhart, da legt im gar hertichleichen für der œbe-
rist in der universitet etwen manigen artikel, die er von manigen
gehœrt het, die auch nach lautung der word frœmd und wilt dauch-
ten, und begert von im darauf ze antburten. Darauf antburt er als
volchomenlich, als hœflich und als diemütichlich, und nennet sich
albeg ein ungelerez kind, also daz auf die antburt chain widerred
mocht geschechen. Und also von seiner begerung wegen word er

ledig und losz gelassen, und wünschet auch, daz er zu weichnachten wær pei dem herzogen von Burgundi, so wolt er dann wider chomen gen Parisz und offenperlichen antburten in ainer ieglichen facultet und kunst und wolt werden ain gelid der universitet, daz doch wenig gelauben, daz er daz tue. Doch nichts dester minner nach der benenten antburt wart im grozze er erzait von den herren des perlaments und von dem pischof und von vil andern. Also schied er von dannen an dem vierzechendem tag des andern wintermonads Decembris, und hoff, ir werdent in sechen und vil ander ding, der sich wol ze verbundern ist, werdent ir selber von im hœrn. (*Monumenta Germaniae*, *Deutsche Chroniken*, II, p. 373-374.)

Imprimerie Daupeley-Gouverneur, à Nogent-le-Rotrou.

www.ingramcontent.com/pod-product-compliance
Lightning Source LLC
LaVergne TN
LVHW052200050726
842523LV00017B/742